Kauderwelsch
Band 97

Impressum

Michael Blümke
Italienisch Slang – das andere Italienisch
erschienen im
REISE KNOW-HOW Verlag Peter Rump GmbH
Osnabrücker Str. 79, D-33649 Bielefeld
info@reise-know-how.de

10. überarbeitete Auflage 2019

Bearbeitung Peter Rump
Überarbeitung Manuel Wiederhold
Layout Svenja Lutterbeck
Layout-Konzept Günter Pawlak, FaktorZwo! Bielefeld
Zeichnungen Stefan Theurer, Peter Rump (Handzeichen)
Fotos Fotografen@Fotolia.com
Gesamtherstellung Himmer GmbH Druckerei & Verlag, Augsburg

ISBN 978-3-8317-6541-6
Printed in Germany

Wer im Buchhandel kein Glück hat, bekommt unsere Bücher zuzüglich Porto- und Verpackungskosten auch direkt über unseren Internet-Shop: ***www.reise-know-how.de***

Die Internetseiten mit Aussprachebeispielen und der Zugriff auf diese über QR-Codes sind eine freiwillige, kostenlose Zusatzleistung des Verlages. Der Verlag behält sich vor, die Bereitstellung des Angebotes und die Möglichkeit der Nutzung zeitlich und inhaltlich zu beschränken. Der Verlag übernimmt keine Garantie für das Funktionieren der Seiten und keine Haftung für Schäden, die aus dem Gebrauch der Seiten resultieren. Es besteht ferner kein Anspruch auf eine unbefristete Bereitstellung der Seiten.

Der Verlag möchte die **Reihe Kauderwelsch** weiter ausbauen und **sucht Autoren!** Mehr Informationen finden Sie unter ***www.reise-know-how.de/verlag/mitarbeit***

Kauderwelsch

Michael Blümke

Italienisch Slang

das andere Italienisch

Reise Know-How
im Internet
www.reise-know-how.de
info@reise-know-how.de

Für Smartphone-Benutzer
(QR-Code mit einer APP scannen)

Wer kein Smartphone hat, kann sich ausgewählte Aussprachebeispiele auch auf unserer Webseite anhören:

www.reise-know-how.de/kauderwelsch/097

Das gesamte Tonmaterial kann als AUDIO-CD oder als MP3-Download separat erworben werden unter:

www.reise-know-how.de

Kauderwelsch-Slangführer sind anders!

Warum? Sie sind bestens mit der Landessprache vertraut und verstehen trotzdem nur die Hälfte, wenn Sie mit den Menschen vor Ort so richtig ins Gespräch kommen?

Gerade wenn Sie sich in der «Szene» bewegen oder Menschen in ihrem ganz normalen Alltag antreffen, wie auf der Straße ansprechen, mit ihnen ein Bier in der Kneipe trinken, ist deren Sprachgebrauch Meilen entfernt von der offiziell verwendeten Hochsprache in den Medien und den Bildungsinstituten.

Man bedient sich der **lockeren Umgangssprache** und vieler **modischer Slangbegriffe**, die oft nicht einmal die gesamte Bevölkerung versteht, sondern nur bestimmte Altersschichten, eingeschworene Szenemitglieder oder Randgruppen.

Die meisten Slangausdrücke haben eine kurze Lebensdauer und finden nie den Weg in das Lexikon. **Slang ist vergänglich.** Aber es bringt die nötige Würze in das sonst zu dröge daherkommende, in der Hochsprache geführte Gespräch.

Die wahre Vielfalt einer Sprache liegt in diesem lebendigen Mischmasch von Hochsprache, Umgangssprache und Slang. In diesem bunten Mix spiegeln sich **Lebensart, Lebensgefühl und Lebensphilosophie** der Menschen vor Ort.

Da die Umgangssprache eher gesprochen als geschrieben wird und es für deren Schreibweise keine festen Regeln gibt, werden Sie immer wieder auf unterschiedliche Schreibweisen der Slangworte stoßen, wenn Sie diese denn einmal geschrieben sehen.

Die AutorInnen werden Sie immer wieder zum Schmunzeln bringen und Ihnen gekonnt Mentalität und Lebensgefühl des jeweiligen Sprachraumes vermitteln. Es werden Wörter, Sätze und Ausdrücke des Alltags aus der Kneipe und dem Arbeitsleben, die Sprache der Szene und der Straße erklärt. Im Anhang sind diese in 1000 Stichworten geordnet, damit Sie die täglich gehörten Begriffe und Wendungen finden können, die bisher kaum in Wörterbüchern aufgeführt sind.

Italienisch Slang

Einleitung

Konversation

Anhang

Prefazione

Cara lettrice, caro lettore,

se proprio in questo momento stai in libreria riflettendo se comprare questo volumetto o no, vorrei darti un consiglio: compralo, sennò te ne pentirai di sicuro!

Perché? Perché nelle seguenti pagine troverai tutto ciò che da sempre volevi sapere sul gergo italiano ... e non sei mai riuscita / riuscito a trovare in nessun altro libro.

Bada però che qui diciamo pane al pane e vino al vino! (Altrimenti che senso avrebbe questo libretto?)

È chiaro che alcune delle espressioni qui raggruppate non le useresti mai – ma conviene conoscerle almeno per comprendere la lingua italiana in tutta la sua ricchezza.

Allora, cosa aspetti? Alla cassa! E poi: Buon divertimento!

Zum Geleit

Liebe Leserin, lieber Leser,
wenn Sie gerade in der Buchhandlung stehen und überlegen, ob Sie diesen kleinen Band kaufen sollen oder nicht, möchte ich Ihnen einen Rat geben: kaufen Sie ihn, sonst werden Sie es bestimmt bereuen.
Warum? Weil Sie auf den folgenden Seiten all das finden werden, was Sie schon immer über

den italienischen Slang wissen wollten, aber bisher in keinem anderen Buch finden konnten.

Aber aufgepasst, hier werden die Dinge beim Namen genannt! (Welchen Sinn hätte so ein Band sonst auch?) Natürlich würden Sie einige der hier aufgeführten Ausdrücke nie benutzen – aber man sollte sie zumindest verstehen. Also, zögern Sie nicht länger! Zur Kasse! Und dann: Viel Vergnügen!

Vorwort

In den sieben Jahren, die ich als Lehrer tätig war, stellte ich immer wieder eines fest: Das größte Interesse beim Erlernen einer Fremdsprache gilt meist den Wörtern und Ausdrücken, die in keinem Lehr- oder Wörterbuch zu finden sind.

Ich empfand das stets als etwas sehr Positives, zeigt es doch, dass vielen Lernern die Gefahr einer zu papierenen, also realitätsfernen Ausdrucksweise sehr wohl bewusst ist.

Nur, was nutzt dieses Interesse, wenn man viel zu wenig Möglichkeit hat, es zu vertiefen?

So entstand dieses Italo-Slang-Wörterbuch. Es war mir hierbei wichtig, Wörter und Formulierungen aufzulisten, die auch tatsächlich verwendet werden, und nicht eine Ansammlung von veraltetem oder „gesellschaftsfähigem" Vokabular zu erstellen. Außerdem habe ich versucht, die italienischen Ausdrücke im Deutschen durch Formulierungen wiederzugeben, die ihnen im Sinn und Gefühlsgehalt (und der Intensität natürlich) am engsten entsprechen, weshalb ich auch auf zusätzliche Anmerkungen wie vulgär, beleidigend usw. verzichtet habe – die im Deutschen gewählte Sprachebene ist hier in Verbindung mit der wörtlichen Übersetzung gewiss Hinweis genug. Doch nun viel Spaß beim Schmökern.

Gebrauchsanweisung

Diese Wort- und Phrasensammlung könnte man in zwei Teile gliedern: Es geht los mit typisch italienischen Ausdrücken, denen man in bestimmten Situationen begegnen wird, z.B. im Straßenverkehr, in der Bar etc. Das sind nicht immer Slang-Ausdrücke.

Im zweiten Teil geht es dann um die echte Umgangssprache. Wiederum grob nach Situationen sortiert, aber Überschneidungen ließen sich nicht immer vermeiden. Zu diesem zweiten Teil möchte ich Folgendes anmerken.

Wissenschaftlich gesehen, ist Slang eine „Low-Level-Sprache", die ausschließlich von unteren sozialen Schichten gesprochen wird, da ihnen die „Hochsprache" nicht geläufig ist. Ich verstehe Slang anders und zwar als Sprache, die von den Leuten im alltäglichen Leben gesprochen wird, wenn man nicht auf Etikette achten muss. Da wimmelt es von „Spezialausdrücken" und „unfeinen" Wörtern. Gerade bei letzteren ist es nötig, recht genau zu differenzieren. Auch bei uns kann ja z. B. das Wort „Scheißkerl" (je nach Situation und angesprochener Person) mal durchaus freundlich, mal höchst beleidigend sein. Auch werden sich zwei Männer an der Theke anderer Ausdrücke für Frauen bedienen als dann, wenn eine Vertreterin des anderen Geschlechts zuhört.

Solange man in einer Gruppe diese Sprache gebraucht, hat sie auch ihre Berechtigung. Wenn man erst einmal die Grundregeln verstanden und sich in die Sprache eingehört hat, fällt es auch nicht mehr so schwer, sein Gegenüber zu verstehen.

Ich habe in diesem Buch versucht, die deutsche Übersetzung der Ausdrücke auf dem gleichen Sprachlevel zu halten. Trotzdem ist bei der Anwendung manchmal Vorsicht geboten. Abwertende Ausdrücke und Beleidigungen sind eh nicht zum Gebrauch, sondern lediglich zum Verstehen aufgeführt. In diesem Zusammenhang auch ein Zitat aus „Das Wörterbuch" von den Gebrüdern Grimm. „Ein Wörterbuch ist nicht dazu da, die Wörter zu verbergen, sondern um sie hervorzubringen."

Im Anhang dieses Buches sind alle Ausdrücke, die vorkommen, noch einmal stichwortartig und alphabetisch geordnet aufgelistet. Die Seitenzahl dahinter gibt an, wo das Wort erwähnt wird und demnach auch die Übersetzung bzw. Anwendung steht. Hört man z. B. den Ausdruck **è un otre di vino,** findet man im Register unter **otre** und **vino** die entsprechende Seite.

Alltagssprache Italiens

Wer spricht nun das „beste" Italienisch? Natürlich möchte diese Auszeichnung jede Region für sich in Anspruch nehmen. Angeblich sollen es ja die **toscani** sein, doch frei von dialektalen Einfärbungen ist man auch dort nicht.

Und im Übrigen streiten sich innerhalb der Toscana **Firenze** und **Lucca** und, und, und ... um die Krone. Wer also?

Ich meine, es ist müßig, hier ein Urteil fällen zu wollen, da jeder Dialekt seinen eigenen Reiz hat – auch und gerade was die Aussprache anbelangt.

So klingt im **Veneto** das **ci** eher wie ein „zi", in der **Emilia Romagna** wird aus dem **zz** fast ein englisches „th", die **piemontesi** sprechen das **r** wie die Franzosen, auf Sizilien verwandelt sich so manches **o** zum „u" usw. usw.

Interessant ist es allemal, sich auf eine kleine Sprachexpedition zu begeben, um seinen Lieblingsdialekt zu finden.

Also, auf gen Italien!

Seitenzahlen

Um Ihnen den Umgang mit den Zahlen zu erleichtern, wird auf jeder Seite die Seitenzahl auch in Italienisch angegeben!

Verkürzungen

Wie alle anderen Sprachen auch, verkürzt das gesprochene Italienisch einige häufig gebrauchte Wörter.

So wird beispielsweise aus:

questo / questa	**'sto / 'sta**
cosa	**cos'** (wenn Vokal folgt)
con il	**col**
sono	**son**
siamo	**siam**

col *gilt im Gegensatz zu* **nel, dal, sul** *etc. als unschön, wird aber deshalb nicht weniger benutzt.*

Überhaupt wird der Endvokal gern verschluckt, z. B. bei Infinitiven:

metter dentro	reinstecken
far ridere	zum Lachen bringen
Cosa vuol dire?	Was soll das heißen?

Bekannt dürfte der Wegfall des Schluss-**e** bei Titeln wie **signor(e)**, **dottor(e)**, **ingegner(e)** usw. sein, wenn ihnen der Name folgt.

Verkürzt werden bei nachfolgendem Vokalanlaut:

di	**d'**	
mi	**m'**	z. B.: **Non m'interessa.**
ti	**t'**	
si	**s'**	**S'alza sempre presto.**
ci	**c'**	
vi	**v'**	
lo/la	**l'**	z. B.: **Chi l'ha detto?**

Manchmal verschwinden sogar ganze Wortteile:

la bicicletta	**la bici**
la fotografia	**la foto**
la metropolitana	**la metro**
la motocicletta	**la moto**

Deutsche Wörter

Wussten Sie übrigens, dass viele deutsche Wörter ins Italienische übernommen wurden? Hier nur einige Beispiele:

il kirsch, il kitsch, il krapfen, il land, il lied, il wurstel, lo stoccafisso der Stockfisch, **lo speck, la weltanschauung, lo zeitgeist.**

Unterwegs in Italien

Um nach Italien einzureisen, genügt für Bürger von EU-Staaten der Personalausweis **(carta d'identità),** bei Autoreisen sollte man neben Führerschein **(patente)** und Wagenpapieren **(documenti)** auch die Grüne Karte **(carta verde)** bei sich haben.

Mit einem Smartphone können Sie sich die Wörter, Sätze und Redewendungen dieses Kapitels anhören. Scannen Sie einfach den QR-Code mit Hilfe einer kostenlosen App (z. B. „Barcoo" oder „Scanlife").

passaporto	Pass
visto	Visum
dogana	Zoll
frontiera	Staatsgrenze
fare/disfare le valige	Koffer packen/ auspacken
biglietto	Fahrkarte; Flugschein
prenotazione	Reservierung
sportello	Schalter
andata e ritorno	Hin- und Rückfahrt/ -flug
deposito bagagli	Gepäckaufbewahrung
(aero)porto	(Flug-)Hafen
stazione	Bahnhof
binario	Gleis
fermata (non ferma a ...)	Haltestelle (hält nicht in ...)
fermata a richiesta	Bedarfshaltestelle
autobus	Linienbus (innerhalb der Stadt)
pullman/corriera	Überlandbus

Bus hält nur auf Anforderung!

Möchte man in einer Stadt öffentliche Verkehrsmittel benutzen, sollte man sich vorher in einer **tabaccheria** die **biglietti** besorgen, da sie nicht beim Fahrer erhältlich sind und es nur in den U-Bahn-Stationen Mailands, Roms oder Neapels Fahrkartenautomaten gibt.

Rund ums Auto

Wer mit dem Auto durch Italien reist, rechne mit allem! Die Italiener sind zwar – im Gegensatz zu den Deutschen – hervorragende Autofahrer, was Reaktionsschnelligkeit und Anpassung an neue Situationen anbelangt, doch strapazieren sie ihren Schutzengel mitunter über Gebühr. So kann es durchaus passieren, dass einem in der Kurve einer Gebirgsstraße plötzlich ein Fahrzeug entgegenkommt – auf der eigenen Spur wohlgemerkt! Doch wozu gibt es schließlich den **clacson,** auch Hupe genannt, den man ohne Übertreibung als des Italieners liebstes Teil des Autos bezeichnen darf.

Hinweisschilder

accendere i fari	Scheinwerfer einschalten	*Überholen sollte man grundsätzlich immer mit dem gesetzten Blinker, vor allem wenn man an einer Kolonne Lastwagen vorbeiziehen will.*
caduta sassi	Steinschlag	
circonvallazione	Umgehungsstraße	
deviazione	Umleitung	
divieto di sorpasso	Durchfahrt verboten	
divieto di sosta	Halteverbot	
lasciare libero il passaggio	Durchgang/-fahrt freihalten	
lavori in corso	Straßenarbeiten	
rallentare	Geschwindigkeit verringern	
senso unico	Einbahnstraße	
soccorso A.C.I.	Notruf	*vom Automobilclub*
strada dissestata	schlechte Straße	
transito con catene	nur mit Schneeketten befahrbar	
uscita	Autobahnausfahrt	
vietato al traffico	für den Verkehr gesperrt	
vietato l'accesso	Zugang verboten	
zona disco	nur mit Parkscheibe parken	

macchina	Auto	
moto	Motorrad	
trabiccolo / macinino / scassone	Klapperkiste	*Kaffee- oder Pfeffermühle*
bolide	Flitzer	
una fuoriclasse	ein toller Schlitten	
carcassa	alter Kasten	*Flugzeug oder Schiff*
autofficina	Autowerkstatt	

distributore	Tankstelle (Stadt)
stazione di servizio	Tankstelle (Autobahn)
fare benzina	tanken
fare il pieno	volltanken
senza piombo	bleifrei
super / normale	Super / Normal

Für die Benutzung der **autostrade,** der Autobahnen, muss man eine nach Kilometer-Anzahl gestaffelte Maut, **pedaggio,** zahlen. Bei der Auffahrt auf die Autobahn zieht man eine Karte, die man beim Verlassen / Abfahren von der Autobahn am **casello,** dem Mauthäuschen, vorzeigt und und für die man dann den entsprechenden Betrag entrichtet.

	scorciatoia	Abkürzung
	scappata	Abstecher
	ingorgo	Stau
	sfrecciare	rasen
	correre all'impazzata	rasen
volles Bier	**a tutta birra**	volle Pulle
	ammaccatura	Beule
	danno totale	Totalschaden
	incidente	Unfall
	ambulanza	Krankenwagen
	parcheggio	Parkplatz
	autosilo	Parkhaus
	parchimetro	Parkuhr
	disco orario	Parkscheibe
	tagliando	Parkschein
	multa	Strafzettel

Polizei

Im Heimatland der Mafia begnügt man sich natürlich nicht mit einer einheitlichen Polizei, nein, in Italien gibt es vier verschiedene Arten von Ordnungshütern:

Zunächst einmal die **vigili urbani**, die den Verkehr regeln, Parksündern **(parcheggiatori abusivi)** nachspüren und auskunftsuchenden Touristen helfen. Dann die **polizia stradale**, die den Verkehrssündern **(contravventori)** an den Führerschein geht. Für die öffentliche Ordnung sind die **carabinieri** zuständig; bleibt noch die **Guardia di Finanza**, die Finanz- und Zollpolizei. Die zwei letztgenannten sind Son-dereinheiten der Armee **(esercito)**.

uno uno tre (113)	Notruf	*Polizei, Notarzt, Feuerwehr*
commissariato	Polizeirevier	
questura	Polizeipräsidium	
poliziotto / agente	Polizist	
i caramba, i piedipiatti	Bullen	*Plattfüße*
i pulotti, la madama, la pula	Polente	
furto	Diebstahl	
sgraffignare, arraffare, fregare	klauen	
scippo	Handtaschendiebstahl	*vom Mofa aus – italienische Spezialität!*
furto / rapina	Überfall	
delinquente	Gauner	
criminale	Verbrecher	
malvivente	Gangster	*Schlechtlebender*
tangente	Schmiergeld	*Anteil*

tangentopoli	„Schmiergeld-City“ = Mailand
bustarella	Schmiergeld
corruzione	Korruption, Bestechung

Kuvertchen, “Motivationsumschlag“

Telefonieren

In Italien wird das Telefonnetz hauptsächlich von der **Telecom Italia** betrieben. Telefonzellen sind mittlerweile eine Rarität geworden.

Die Vorwahl **(prefisso)** für Deutschland ist im Übrigen die 0049, dann wählen Sie die Ortsvorwahl ohne „0” und dann die eigentliche Nummer.

Aufladekarten fürs Handy, **carte di ricarica**, gibt es am Kiosk, der **edicola**. Das Handy ist mittlerweile aus dem Alltag nicht mehr wegzudenken.

Generell drängt sich im **Bel Paese** der Eindruck auf, die Italiener kämen bereits mit dem Handy am Ohr nebst Sonnenbrille auf der Nase zur Welt. Man fragt sich, wie das anatomisch möglich ist.

Seit dem 15. Juni 2017 gibt es innerhalb der EU keine Roaminggebühren mehr, insofern empfiehlt sich also die Mitnahme des privaten Handys und der anschließende Kauf einer italienischen SIM-Karte für die Dauer des Aufenthaltes in Italien, sofern die Gebühren des heimischen Anbieters höher sind.

Coi quattrini si fa tutto

Rund ums Geld

Die **banche** haben in Italien normalerweise von Montag bis Freitag in der Zeit zwischen 8 / 8:30 und 13 / 13:30 geöffnet, die meisten auch noch mal eine Stunde am Nachmittag.

Für gewöhnlich öffnen die meisten Filialen zwischen 8.30 und 8.45, die Mittagspause dauert dann von 14 bis 14.45 Uhr. Danach öffnet die Bank wieder bis 15.45 Uhr. Unterdessen gibt es aber auch viele durchgehend geöffnete Filialen, **orario continuato**. Eine Übersicht über die einzelnen Öffnungszeiten findet man im Internet auf **bancheitalia.it.** Eine Liste von Wechselstuben findet man im Internet auf **forexchange.it.** Jedoch tauschen die meisten Touristen ihr Geld auf der Bank in Fremdwährung um.

Mit einem Smartphone können Sie sich die Wörter, Sätze und Redewendungen dieses Kapitels anhören.

Coi quattrini si fa tutto

bancomat	Geldautomat
i soldi / il denaro	Geld
gli spiccioli / gli spicci	Kleingeld
i quattrini / le monetine	Moneten
la grana	Kohle, Zaster, Mäuse
un bel gruzzolo	eine schöne Stange Geld
un sacco di soldi / un mucchio di soldi / un fior di quattrini / un bel po' di soldi	ein Haufen Geld

Reich sein

voll mit Geld	**pieno di soldi**	betucht
	ricco (sfondato)	(stein)reich
	un riccone	ein Krösus
schaufelweise	**quattrini a palate**	Geld wie Heu
mit Geld macht man alles	**Coi quattrini / soldi si fa tutto.**	Geld regiert die Welt.
	Non bada a spese.	Er achtet nicht aufs Geld.
	uno spendaccione / sciupone / sprecone	ein Verschwender
isst *Er gibt aus und verteilt es links und rechts.*	**Si mangia i soldi. / Spende e spande a destra e a manca.**	Er / Sie wirft mit dem Geld um sich.
er/sie hat einen weiten Ärmel	**È di manica larga.**	Er/Sie ist sehr großzügig.
	È figlio di papà	Er ist Sohn reicher Eltern

A caval donato non si guarda in bocca.	Einem geschenkten Gaul schaut man nicht ins Maul.	
tirchio	geizig, knauserig	
avere il braccino corto	geizig sein	*einen kurzen Arm haben, so kurz, dass er nicht in die Tasche reicht*
pidocchio	Geizhals *(Laus)*	
Ma questo è un furto! / una ladrata!	Das ist ja Wucher! *(Diebstahl)*	
strozzino	Wucherer	
un tagliagole / avvoltoio	ein Halsabschneider	*Geier*
un sanguisuga	ein Blutsauger	

Bezahlen

pagare il fio	für etwas bezahlen müssen	*im Sinne von "büßen müssen".*
costa un occhio della testa	es kostet ein Heidengeld	*ein Auge des Kopfes*
un conto salato	eine gesalzene Rechnung	
L'ha pagata salata.	Er hat es teuer bezahlt.	*gesalzen*
un prezzo sfacciato / assurdo	ein unverschämter / absurder Preis	
fanno i portoghesi	sie drücken sich ums Zahlen	*sie machen die Portugiesen*
Facciamo alla romana	jeder zahlt für sich	*machen wir es römisch*
Costa due lire.	Es kostet fast nichts.	
Costa una miseria.	Es ist spottbillig.	
un prezzo stracciato	ein Spottpreis	*zerrissener*
... da svendita	... Schleuderpreis	*Ausverkaufspreis*
a metà prezzo	zum halben Preis	

Coi quattrini si fa tutto

in contanti	bar
vendere sotto banco	unter der Hand verkaufen
costi quel che costi	koste es, was es wolle
mercanteggiare	feilschen
tirare sul prezzo	handeln
È un affarone.	Das ist ein Supergeschäft.

unter dem Ladentisch

am Preis ziehen

Arm sein

Ha le mani bucate.
er / sie hat durchlöcherte Hände
Das Geld zerrinnt ihm / ihr zwischen den Fingern.

Ti pelano. / Ti spennano.
sie schälen / rupfen dich
Die ziehen dir das Geld aus der Tasche. /
Die nehmen dich aus.

mollare= loslassen

mollare / sganciare / cacciare fuori
rausrücken, das Geld „zücken"

Il denaro non rende felici.
Geld macht nicht glücklich.

Non vale una cicca / un fico secco.
Kippe / trockene Feige
Das ist keinen Pfifferling wert.

Sono al verde / a secco.
grün / trocken
Ich bin pleite.

Sono in bolletta.
in hochgeschossener Rechnung
Ich bin völlig abgebrannt.

Non ho il becco d'un quattrino.
nicht den Schnabel eines Hellers
Ich habe keinen müden Euro *(Heller)*.

batter cassa
an die Kasse klopfen
sein Geld zurückfordern (als Gläubiger)

Ha dato fondo ai soldi.
Er hat sein Geld durchgebracht.

Fa il passo più lungo della gamba.
Er lebt über seine Verhältnisse.

Betrügen

truffatore / truffare	Betrüger/betrügen
fregare	1. betrügen, 2. klauen
sgraffignare	klauen
sbafare / scroccare	schnorren, schmarotzen
uno scroccone	ein Schmarotzer

Grattarsi la pancia

Rund ums Arbeiten

Wörtlich	Italienisch	Deutsch
	lavorare / il lavoro	arbeiten / Arbeit
	il lavoro (in) nero	Schwarzarbeit
	il posto di lavoro	Arbeitsplatz
mache	**Faccio il professore.**	Ich bin Lehrer.
	la tredicesima	13. Monatsgehalt
Notlösungen	**Vive di ripieghi.**	Er lebt von Gelegenheitsarbeiten.
	darsi d'attorno	sich Mühe geben, sich anstrengen
	mettersi al lavoro	sich an die Arbeit machen
	la sgobbata / la sfacchinata	Schufterei, Schinderei
wie ein Neger arbeiten	**lavorare come un negro / sgobbare / sfacchinare**	schuften
mit dem Rücken arbeiten sieben Hemden durchschwitzen	**lavorare di schiena, sudare sette camice, sfacchinarsi**	sich abrackern
	Si uccide dalla fatica.	Er arbeitet sich tot.
vierteilen	**Si fa in quattro.**	Er bringt sich halb um.
er macht sich …	**Si fa il culo.**	Er reißt sich den Arsch auf.
dreizehn Monate pro Jahr	**Lavora tredici mesi all'anno.**	Er arbeitet wie ein Verrückter.
	Adesso faccio festa.	Ich mache jetzt Feierabend.
unter Wasser arbeiten	**lavorare sott'acqua**	heimlich gegen jemanden arbeiten
	disoccupato	arbeitslos, Arbeitsloser
	infingardo / sfaticato	arbeitsscheu

Mani callose, mani virtuose.
schwielige Hände, geschickte Hände
Arbeit schändet nicht.

Ti sei preso una bella gatta da pelare.
Da hast du ja eine schöne Katze zum Schälen / Rupfen bekommen.
Da hast du dir ja eine schöne Arbeit aufgehalst.

Faulenzen

poltrire	gammeln, rumhängen	
fannullone / nullafacente	Faulenzer, Nichtstuer	
tirare avanti, tirare a campare	sich durchschlagen	*vorwärtsziehen*

Grattarsi la pancia

stare con la pancia all'aria
mit dem Bauch in der Luft liegen
grattarsi la pancia
sich den Bauch kratzen
tenersi le mani sulla pancia
die Hände auf dem Bauch haben
auf der faulen Haut liegen

voler dormire tutti i suoi sonni
alle seine Schläfe schlafen wollen
faulenzen wollen; seine Ruhe haben wollen

Se la prende comoda.
er / sie nimmt sie sich bequem
Er / Sie schiebt eine ruhige Kugel.

Si mette le penne del pavone.
er steckt sich die Federn des Pfaues an
Er schmückt sich mit fremden Federn.

Non cava un ragno da un buco.
er holt keine Spinne aus einem Loch
Er kommt auf keinen grünen Zweig.

Andiamo a fare la spesa

Rund ums Einkaufen

Was kann es Schöneres geben, als im Urlaub Geld auszugeben? Und in Italien macht es besonders viel Spaß. Wenn da nur nicht immer diese ewig lange **siesta** (auch **pennichella** oder **riposino**) wäre, die einen volle drei Stunden (zwischen 12:30 und 15:30) daran hindert, die Euros unters Volk bzw. in die Läden zu bringen. (Es sei denn, man findet ein **magazzino** mit **orario continuato**, ein Kaufhaus, das durchgehend geöffnet hat.)

Und dann erst die Montagvormittage, da machen sie erst gar nicht auf! Und wer am Mittwochnachmittag nicht verhungern will, sollte seine Lebensmittel rechtzeitig vorher kaufen, denn dann haben die **alimentari** ihr **chiuso** an die Tür geheftet.

Mit einem Smartphone können Sie sich die Wörter, Sätze und Redewendungen dieses Kapitels anhören.

Am Samstag kann man sich allerdings Zeit zum Einkaufen lassen: Die Geschäfte sind den ganzen Tag geöffnet!

Vado a fare la spesa.
Ausgaben machen
Ich gehe einkaufen.

fare il giro dei negozi
die Runde durch die Geschäfte
einen Einkaufsbummel machen

Perché non andiamo a dare un'occhiata alle vetrine?
einen Blick in die Schaufenster werfen
Lass uns doch einen Schaufensterbummel machen.

Andiamo a fare la spesa

wie geklaut

'Ste scarpe vanno a ruba.
Diese Schuhe gehen weg wie warme Semmeln.

Articoli ridotti non vengono cambiati.
Reduzierte Ware ist vom Umtausch ausgeschlossen.

willst du kaufen?

unterschrieben, z. B. **occhiali firmati** *(Designerbrillen)*

curioso = *(neugierig)*

negozio	Laden
supermercato	Supermarkt
magazzino	Kaufhaus
edicola	Zeitungsstand
commesso, commessa	Verkäufer(in)
titolare	Inhaber
il vu' cumprà	Straßenhändler aus Afrika
carrello	Einkaufswagen
cianfrusaglie / cianfrusaglia	Krimskrams
firmato	Designer...
È un'occasione	Das ist ein Schnäppchen
al prezzo d'acquisto	zum Einkaufspreis
a metà prezzo	zum halben Preis
svendita	Ausverkauf
offerta speciale	Sonderangebot
senza IVA	ohne MWSt.
IVA inclusa	inklusive MWSt.
cambiare	umtauschen
scontrino	Kassenzettel
deposito	Pfand
pagare in contanti	bar bezahlen
pagare con assegno	mit Scheck bezahlen
comprare a rate	auf Raten kaufen
taccheggiatore / taccheggio	Ladendieb/ Ladendiebstahl
curiosare	herumstöbern

Mi fa venire l'acquolina in bocca

Rund ums Essen

Wen in Italien der Hunger überkommt, der kann entweder in der **bar** oder in einer **tavola calda**, einem Schnellimbiss, einen Happen zu sich nehmen. Wer lieber gemütlich speisen will, ist mit einer **osteria**, **pizzeria**, **trattoria**, **ristorante** oder **rosticceria**, einer Art Grill-Restaurant, sicherlich besser beraten, wobei die Preise bei der **osteria** angefangen nach oben gehen (die Ausstattung und der Service hoffentlich auch!).

Apropos Preise, in Italien muss der Betrag auf der Karte nicht unbedingt der sein, den man am Ende zu bezahlen hat. Man achte darauf, ob **coperto e servizio compreso** sind, also Gedeck und Bedienung inbegriffen.

Und nehmen Sie die **ricevuta fiscale / lo scontrino** (die Rechnung) aus dem Lokal mit. – Sie könnten auf der Straße kontrolliert werden! Der Hintergrund ist ganz einfach der, dass die italienischen Geschäftsleute, und dazu gehören auch die Restaurantbesitzer, eigentlich nur aus Nächstenliebe gearbeitet haben, wollte man ihren Steuererklärungen glauben. Dem hat dann der italienische Staat einen Riegel vorgeschoben, indem er beispielsweise die Restaurantbesitzer zwang, den Kunden eine von einer Computerkasse erstellte Rechnung, eben eine **ricevuta fiscale,** auszuhändigen.

Mit einem Smartphone können Sie sich die Wörter, Sätze und Redewendungen dieses Kapitels anhören.

Mi fa venire l'acquolina in bocca

Und was finden wir nun auf einer italienischen Speisekarte?

Vorspeisen

antipasti	Vorspeisen
antipasto misto	gemischte Vorspeisen
affettato misto	Aufschnitt
sottaceti	in Essig eingelegtes Gemüse
caponata	Auberginen, Paprika, Tomaten, Öl
insalata di mare	Meeresfrüchtesalat

Außerdem gibt es diverse **brodi** *(Brühen) und* **zuppe** *bzw.* **minestre** *(Suppen).*

Erster Gang

Es folgen die **primi piatti**, die ersten Gänge, das sind **pasta** oder **risotto**. Ob nun **capellini**, **spaghetti**, **fettuccine** oder **tagliatelle**; ob **maccheroni**, **penne**, **rigatoni** oder **cannelloni**; ob **agnolotti**, **cappelletti**, **ravioli** oder aber **tortellini** und **tortelloni**; nicht zu vergessen **lasagne**, **farfalle**, **conchiglie** und und und: der Phantasie sind keine Grenzen gesetzt.

Gleiches gilt für die Zubereitungsart, hier nur die gängigsten:

al burro	mit Butter
al sugo	mit Tomatensoße
alla bolognese; al ragù	mit Hackfleisch

al pesto	mit Basilikum und Pinienkernen
all'amatriciana	mit Tomaten, roten Paprikaschoten, Speck und Zwiebeln
alla carbonara	mit Ei und Speck
alla marinara	mit Meeresfrüchten
alla puttanesca	mit Oliven, schwarzem Pfeffer und Kapern
all'arrabbiata	mit scharfer Tomatensoße (schwarzer Pfeffer)

Zweiter Gang

Nicht minder einfallsreich sind die **secondi piatti**:

bollito misto	verschiedenes gekochtes Fleisch
cacciagione	Wild
costata alla pizzaiola	Steak in Tomatensoße mit Pilzen und Basilikum
costoletta alla milanese	Wiener Schnitzel
fegato alla veneziana	Kalbsleber mit Zwiebeln und Polenta
involtini	Rouladen
osso buco	Kalbshaxe in Wein-Tomaten-Soße

saltimbocca alla romana	Kalbsschnitzel mit einer Scheibe rohem Schinken und Salbeiblättern
spezzatino	Gulasch
trippe	Kutteln
fritto misto	verschiedene gebackene Fische und Meeresfrüchte
cozze alla marinara	Miesmuscheln in Weißwein
anguilla alla venezian	Aal in Zitronensoße

Dessert

dolce	Dessert
budino	Pudding
cassata	Eis mit kandierten Früchten
macedonia di frutta	Obstsalat
profiterole	mit Schokolade überzogene, gefüllte Eclairs
tartufo	Schokoladeneis mit Vanille-Kern
tiramisù	als solches auch hier bekannt
zuppa inglese	wird bei uns als „*zuppa romana*"verspeist

Hunger haben

Wer jetzt noch immer nicht genug hat, der kann sich durch die folgenden Begriffe schlemmen:

assaggiare	kosten, probieren
stuzzicare l'appetito	den Appetit anregen
L'appetito vien mangiando.	Der Appetit kommt beim Essen.
un boccone	ein Bissen, ein Happen
un bocconcino	ein Häppchen
mangiare due bocconi	einen Happen zu sich nehmen
uno spuntino	ein Imbiss, eine Kleinigkeit
manicaretti / ghiottonerie	Leckerbissen
ghiottone	Leckermaul
ghiotto / succulento	lecker
squisito / favoloso	köstlich
un pasto coi fiocchi	ein ausgezeichnetes Essen
un lauto pasto	ein üppiges Essen

A chi ha fame è buono ogni pane.
Wer Hunger hat, dem ist jedes Brot recht.

Asino che ha fame, mangia d'ogni strame.
ein hungriger Esel frisst von jedem Streu
Hunger ist der beste Koch.

Mi fa venire l'acquolina in bocca

Non ci vedo più dalla fame.
ich sehe vor Hunger nichts mehr
Ich habe einen Riesenhunger.

Ho una fame da lupi.
ich habe einen Wolfshunger
Ich habe einen Bärenhunger.

Mi fa venire l'acquolina in bocca.
Mir läuft das Wasser im Mund zusammen.

	abbuffarsi fare una scorpacciata / fare una bella mangiata	sich den Bauch vollschlagen
	un epulone	ein Schlemmer
	gozzovigliare	prassen
	la gozzoviglia	Prasserei
runterwerfen	**buttare giù**	runterschlingen
	sgranocchiare	knabbern
	un pasto frugale	ein bescheidenes Mahl

	mangiare ...	essen ...
	... a più non posso	... was reingeht
	... a crepapelle	... bis man platzt
mit vier Kinnladen/ Mühlsteinen	**... a quattro ganasce / palmenti**	... wie ein Scheunendrescher
mit dem Kiefer arbeiten	**lavorare di mascella**	ordentlich futtern
er ist eine Bürste	**È una spazzola.**	Er putzt das Essen im Nu weg.

Ha uno stomaco di struzzo.
er hat einen Straußenmagen
Er hat einen Viehmagen.

Pancia mia, fatti capanna!
Mein Bauch, mach dich zur Hütte
"Bereite Dich auf eine leckere Mahlzeit vor, Magen!"

È una bella zuppa.
eine schöne Suppe
Das ist ja ein schönes Kuddelmuddel.

Se non è zuppa, è pan bagnato.
wenn es keine Suppe ist, ist es nasses Brot
Es ist gehupft wie gesprungen.

Tutto fa brodo.
alles macht Suppe
Alles ist zu irgendwas zu gebrauchen.

sciapo / insipido	fad
Non mi va. / Non mi piace.	Es schmeckt mir nicht.
Non sa di niente.	Es schmeckt nach nichts.
Mi ingombra lo stomaco.	Es liegt mir schwer im Magen.
Mi si volta lo stomaco.	Mir dreht sich der Magen um.
il mal di pancia	Bauchschmerzen
ruttare	rülpsen
M'è andato di traverso.	Ich habe mich verschluckt.
Mi sono sbrodolato.	Ich habe mich bekleckert.

O bere o affogare

Rund ums Trinken

Mit einem Smartphone können Sie sich die Wörter, Sätze und Redewendungen dieses Kapitels anhören.

Italien ist Gott sei Dank ein Land, in dem man von Trinkkultur sprechen darf anstatt von Betrinkkultur sprechen zu müssen.

So ist es im **Bel Paese** keineswegs üblich, sich in die Kneipe an der Ecke zu setzen, um sich volllaufen zu lassen **a più non posso**, (bis zum Geht-nicht-mehr). Was aber nun ganz und gar nicht bedeutet, dass man jenseits der Alpen genussfeindlich wäre – ganz im Gegenteil! Schließlich kommen ja einige der beliebtesten feuchten Leckereien aus Italien!

Nicht-Alkoholisches (analcolici)

wird immer zum Wein bestellt (acqua minerale)

niemals „espresso" bestellen! (caffè)

acqua minerale...	Mineralwasser
... gassata	... mit Kohlensäure
... naturale	... ohne Kohlensäure
limonata	Limonade
succo di mele	Apfelsaft
spremuta d'arancia	frisch ausgepresster Orangensaft
tè con limone / tè freddo	Tee mit Zitrone / Eistee
cioccolata	Schokolade, Kakao
latte	Milch
frullato	Milchshake
caffè	Espresso

caffè lungo	deutschem Kaffee vergleichbar, also etwas dünner	*lang*
caffellatte	Milchkaffee	
caffè macchiato	Kaffee mit etwas Milch	*befleckt*
caffè corretto	Kaffee mit Schuss – meist **Grappa**	*korrigiert*
cappuccio, cappuccino	Cappuccino	*natürlich mit heißer Milch!*

Alkohol (alcolici)

vino bianco / rosato / rosso	Weiß- / Rosé- / Rotwein	*man bestellt z. B.* **un quarto di rosso**
birra chiara / scura / alla spina	helles / dunkles Bier / vom Fass	
una birra piccola / grande	ein kleines / großes Bier (0,4 - 0,5l)	*das klassische Getränk zur Pizza*
amaro	Magenbitter	
acquavite	Schnaps	
liquore	Likör	
spumante	Sekt	
prosecco	trockener Sekt	
liscio	pur	*glatt*
con ghiaccio	mit Eis	
scaldabudella	ein Rachenputzer	*Rachenwärmer*

Ansonsten heißen die „harten" Getränke (Whisky, Rum, Wodka, Gin, Kognak etc.) wie im Deutschen.

O bere o affogare

Trinken

	Cosa prendiamo?	Was trinken wir?
	Ci facciamo un bicchierino?	Trinken wir ein Gläschen?
	Offro io / Questo giro lo offro io.	Das geht auf meine Rechnung
	un giro	eine Runde
	spegnere la sete	den Durst löschen
	Ma che intruglio è questo?	Was ist denn das für ein Gesöff?
	cin cin	Prost!
	(alla) salute!	zum Wohl!
	un brindisi	ein Toast; Trinkspruch
befeuchten	**bagnare qualcosa**	etwas (ein Ereignis) begießen
	bere (d)alla bottiglia	aus der Flasche trinken

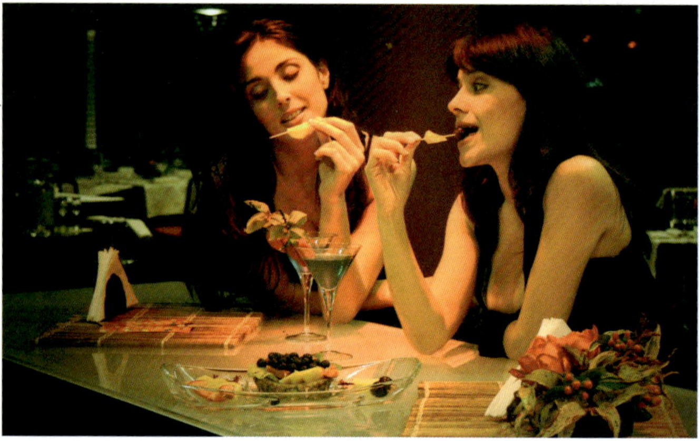

Saufen

farsi un cicchetto / trincare	einen heben / bechern	
buttare giù / tracannare	runterkippen	
Giù!	Ex!	*runter damit*
sbevazzare	saufen	
sbronzarsi / sborniarsi	sich besaufen	
un tracannatore	Schluckspecht	
un beone	ein Trinker, Saufbold	
un ubriacone	Quartalssäufer	
È un otre di vino.	Er ist ein Säufer.	*ein Weinschlauch*
una bevuta	ein Saufgelage	
sbevazzata	Besäufnis	
alticcio	angeheitert	
brillo	beschwipst	
ubriaco	betrunken	
ubriaco fradicio	sternhagelvoll	
sbronzo	besoffen	
sbronzo cotto	sturzbesoffen	*besoffengekocht*
È in coma.	Er ist sturzbesoffen.	*im Koma*
È partito / fuori.	Er ist sternhagelvoll.	*abgefahren/draußen*
una sbronza / sbornia / ciucca	ein Rausch	
una spranghetta	ein Kater	
Ho lo stomaco sottosopra.	Mir ist speiübel.	
vomitare	sich übergeben	
Ho i postumi della sbornia.	Ich habe einen Kopf wie ein Rathaus.	
astemio	Abstinenzler	

O bere o affogare

Und hier noch ein paar Redewendungen rund ums Trinken:

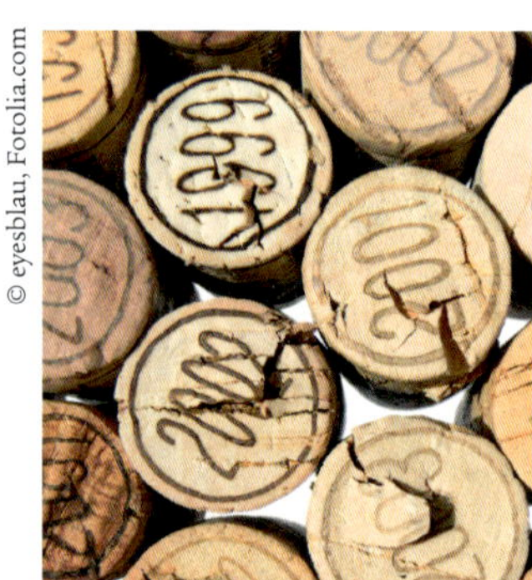

Ha alzato un po' il gomito.
den Ellbogen gehoben
Er hat einen gehoben.

Beve come una spugna / un otre.
wie ein Schwamm / Schlauch
Er säuft wie ein Loch.

È pieno come un otre.
voll wie ein Schlauch
Er ist bis oben voll.

Chi ha bevuto berrà.
wer getrunken hat, wird trinken
Die Katze lässt das Mausen nicht.

Il lupo perde il pelo, ma non il vizio.
Der Wolf verliert das Fell, aber nicht das Laster.
Die Katze lässt das Mausen nicht.

O bere o affogare.
trink oder ertrink
Friss oder stirb.

Questa non te la beve nessuno.
das trinkt dir niemand
Das glaubst du ja wohl selber nicht.

Non me la dai a bere.
das gibst du mir nicht zu trinken
Das kannst du mir nicht weismachen.

Ma cosa vuoi? La botte piena e la moglie ubriaca?
was willst du? das Fass voll und die Frau betrunken?
Man kann nicht alles haben.

Non puoi avere due piedi in una staffa.
Du kannst nicht zwei Füße gleichzeitig im Steigbügel haben.
Man kann im Leben nicht alles haben.

Andare al gabinetto

Klo & Co.

signori	Herren
signore	Damen
occupato	besetzt
libero	frei

Da Italien mit öffentlichen Toiletten nicht gerade reich gesegnet ist, empfiehlt es sich, unbedingt morgens vor Verlassen des Hotels und bei jedem Bar- oder Restaurantaufenthalt das WC aufzusuchen, um etwaigen quälenden Notsituationen zu entgehen.

il gabinetto / la toilette	Toilette
andare al gabinetto	auf die Toilette gehen
il cesso	Klo
il pisciatoio	Pissoir
lo sciacquone	Spülung
carta igienica	Toilettenpapier

orinare	urinieren, Wasser lassen

Andare al gabinetto

l'orina	Urin
fare la pipì	Pipi machen
pisciare / fare la piscia	pinkeln, pissen
pisciarsi addosso	sich bepissen
il piscio / la piscia	Pisse
Sei un Piscione	Du hast eine Konfirmandenblase!
la pisciata	das Pinkeln
fare una pisciata	eine Stange Wasser abstellen
andare di corpo	Stuhlgang haben
cacare	kacken
fare la cacca	scheißen
le feci	Fäkalien
la cacca / la merda	Kacke / Scheiße
la cacata	das Scheißen; der Haufen
la diarrea	Durchfall
la cacarella / la sciolta	Dünnschiss
la costipazione / la stitichezza	Verstopfung
essere costipato / stitico	Verstopfung haben
le flatulenze	Blähungen
il peto	Furz
fare / tirare un peto	furzen / einen fahren lassen
puzzare	stinken
la puzza	Gestank
puzzone	Stinker, Schwein
cacasotto	Hosenscheißer
cacasenno	Klugscheißer
Ma va a cacare!	Verpiss dich!

Impasticcato

Drogen & die Folgen

Die Drogen-Szene hat in Italien noch eine relativ starke Präsenz. Einige der unten aufgeführten Begriffe werden Ihnen darüber hinaus auch im „normalen" Slang begegnen.

lo stupefacente	Rauschgift
la droga / la pasticca	Droge
droghe pesanti	harte Drogen
droghe leggere	weiche Drogen
l'eccitante	Aufputschmittel
la roba	Stoff
impasticcato	unter Drogen
doparsi	sich dopen
drogarsi / farsi	Drogen nehmen
tossicodipendente / junkie	Drogenabhängige(r)
lo spacciatore / pusher	Dealer

Tablette
schwere
leichte

uno spinello / una canna	ein Joint
spinellarsi / farsi una canna	einen Joint rauchen
mary	Marihuana
strafatto / fuori / sballato	high / voll sein
È fatto perso.	Er ist total zu.

mesca	Meskalin
intrippato	auf Trip
viaggio	Trip

Randnotiz	Italienisch	Deutsch
	ero	Heroin
Tütchen	**una bustina**	ein Briefchen
	tagliato	verschnitten
sich durchstechen	**bucarsi**	sich spritzen, fixen
	siringhino	einer, der an der Nadel hängt
sich eine Spritze machen	**farsi una pera**	sich einen Schuss setzen
	lo schizzo finale	der goldene Schuss

Randnotiz	Italienisch	Deutsch
Loch	**un buco**	ein Schuss
Spritze	**una pera**	
Spritzer	**uno schizzo**	

coca	Kokain
sniffare	koksen
sniffatore	Kokser

disintossicarsi	Entzug machen
stare a rota	auf Entzug sein
la rota	Entzug(serscheinungen)

Zigaretten

Noch ein Wort zu den **tabaccherie** bzw. dem **tabaccaio,** wo man neben den Busfahrkarten auch Briefmarken (Briefkästen sind übrigens rot) und vor allem **sigarette** kaufen kann. Nach Zigarettenautomaten werden Sie in Italien vergeblich suchen – Tabak ist ein Staatsmonopol und wird daher nur in den

dafür autorisierten Geschäften, eben den **tabaccherie,** verkauft. Man sollte auch nicht, wie in Deutschland manchmal üblich, in einem Restaurant beim Ober Zigaretten bestellen, wenn man keine Münzen hat, da er nicht verstehen wird, was man von ihm möchte. Er wird sich bestenfalls genötigt fühlen, Ihnen eine seiner Zigaretten anzubieten.

Ausnahme: Außen an den **tabacchi 24 ore** *gibt es mittlerweile Automaten.*

Italien hat als eines der ersten europäischen Länder ein strenges Rauchverbot in Gaststätten eingeführt, das trotz anfänglicher Bedenken sehr gut akzeptiert wird.

Tutto fa brodo

Sprichwörter

Nachfolgend möchte ich einige Sprichwörter aufführen, die im Italienischen andere Bilder benutzen als im Deutschen. Ich bin sicher, dass diese viel interessanter für Sie sind als z. B. Sprichwörter wie „**Una mano lava l'altra**", die im Deutschen identisch übersetzt werden. Wie heißt es doch noch? An den Sprichwörtern sollt ihr sie erkennen!

Avuta la grazia gabbato lo santo.
nachdem man den Segen erhalten hat, wird der Heilige verspottet
Der Mohr hat seine Schuldigkeit getan.

Non è farina del suo sacco.
das ist kein Mehl aus seinem/ihrem Sack
Das ist nicht auf seinem/ihrem Mist gewachsen.

gemeint ist der Schwanz des Rochens

Nella coda sta il veleno.
im Schwanz steckt das Gift
Das dicke Ende kommt noch.

Buona notte al secchio.
gute Nacht Eimer
Jetzt ist alles im Eimer. / Jetzt haben wir den Salat.

Chi dorme non piglia pesci.
wer schläft, fängt keine Fische
Von nichts kommt nichts.

Acqua passata non macina più.
vorbeigeflossenes Wasser treibt den Mühlstein nicht mehr an
Vorbei ist vorbei.

Cane non mangia cane.
Hund frisst nicht Hund
Eine Krähe hackt der anderen kein Auge aus.

L'arco sempre teso si spezza. / Non tirare troppo la corda.
der ständig gespannte Bogen bricht / Ziehen Sie nicht zu stark am Seil
Tanto va la gatta al lardo che ci lascia lo zampino.
die Katze geht solange zum Speck, bis sie ihre Pfote verliert
Der Krug geht solange zum Brunnen, bis er bricht.

Tutti i nodi vengono al pettine.
alle Knoten kommen in den Kamm
Es kommt alles irgendwann ans Licht.

Tutto fa brodo.
aus allem kann man Suppe machen
Alles ist zu irgendwas zu gebrauchen.

O mangiare questa minestra o saltare dalla finestra.
entweder diese Suppe essen oder aus dem Fenster springen
Friss oder stirb.

Quando si è in ballo bisogna ballare.
wenn man auf einem Ball ist, muss man auch tanzen
Wer A sagt, muss auch B sagen.

Meglio l'uovo oggi che la gallina domani.
lieber das Ei heute als die Henne morgen
Lieber den Spatz in der Hand, als die Taube auf dem Dach.

Chi fa da sé, fa per tre.
wer für sich macht, macht für drei
Selbst ist der Mann.

Se la va, la va.
Wenn's geht, geht's.

Se non è vero, è ben trovato.
Wenn's nicht wahr ist, ist es gut erfunden.

Fatta la legge trovato l'inganno.
gemacht das Gesetz, gefunden der Betrug
Sobald ein Gesetz gemacht ist, wurde auch schon die Möglichkeit gefunden, es zu umgehen.

Canta che ti passa.
sing, dann geht's vorbei
Lachen ist die beste Medizin.

Chi si scusa s'accusa.
Wer sich entschuldigt, klagt sich an.

Se son rose, fioriranno.
wenn es Rosen sind, werden sie blühen
Es wird sich zeigen, was es taugt.

Che sballo!

Die lockere Sprache des Alltags

Auf den folgenden Seiten steht „das Salz in der Suppe", das, was das Sprachmenü erst so richtig herzhaft werden lässt. **Buon appetito, allora!** (aber nicht den Magen verderben!)

Drohen

minacciare / minaccia	drohen/Drohung
scagliare una minaccia	eine Drohung ausstoßen
Sono guai!	Das gibt Ärger!

Ti faccio la pelle! *die Haut*
Ich mach dich kalt!

Ti spacco / faccio il culo! *spalte / mache*
Ich reiß dir den Arsch auf!

Se non la smetti subito ti suono!
Wenn du nicht sofort aufhörst, verpass ich dir eine!

Ti concio per le feste! / Ti tuzzo di botte!
ich gerb dich für die Feiertage / ich füll dich ab mit Schlägen
Ich schlag dich zusammen!

Ti aggiusto / arrangio per le feste!
ich bring dich für die Feiertage in Ordnung!

Ti rompo la faccia! / Ti spacco il muso!
ich brech dir das Gesicht/spalte dir das Maul
Ich poliere dir die Fresse!

mit harter Schnauze

una cazzottata	eine Schlägerei
una mazza / un picchiatore	ein Schläger
un teppista	Rowdy / „Vandale“
a muso duro	kaltschnäuzig, eiskalt

Halt die Klappe!

Chiudi il becco!	Halt's Maul!	*Schnabel*
Finiscila! / Smettila! / Piantala!	Hör auf!	
Non rompere!	Nerv nicht!	*brechen*
Acqua in bocca! / ySasso in bocca!	Kein Wort darüber!	*Wasser in den Mund* *Stein in den Mund*
Ma senti chi parla!	Das musst ausgerechnet du sagen!	*hör mal, wer spricht*
Lascia stare!	Lass es gut sein!, Vergiss es!	

Hau ab!

Sei una mosca.
Du bist lästig / ein Quälgeist. *du bist eine Fliege*

Non ti voglio più vedere.
Ich will dich nicht mehr sehen.

Sparisci!
Verschwinde!

Vattene al diavolo!
Geh zum Teufel!

Va in malora!
Scher dich zum Teufel! *geh ins Verderben*

Vaffanculo!
Leck mich am Arsch!

erheb dich von den „Eiern" **Levati dalle palle!**
Verpiss dich!

setz keinen Fuß mehr hier rein **Non mettere più piede qui! / Non farti più vedere qui!**
Lass dich hier nicht mehr blicken!

zwischen den Beinen **Non starmene sempre tra i piedi!**
Steh mir nicht immer im Weg 'rum!

entkommen / sich von den Füßen erheben **Scappa! / Svignatela! / Levati dai piedi!**
Hau ab!/Verzieh dich!

Ich muss mich beeilen. **Taglia la corda!**
Ich muss mich verabschieden.

Angst haben

	Mi viene la pelle d'oca.	Ich bekomme eine Gänsehaut.
	aver strizza / aver fifa	Schiss haben
	Non fartela addosso!	Mach dir nicht in die Hosen!
	Can che abbaia non morde.	Bellende Hunde beißen nicht.
	lavativo	Drückeberger
	fifone	Feigling
	vigliacco	1. Feigling, 2. fieses Schwein
Mürbteig / Mimose	**pasta frolla**	Waschlappen

Mi hanno messo alle strette.
Sie haben mich in die Enge getrieben.

Mi hanno messo con le spalle al muro.
sie haben mich mit den Schultern an die Wand gedrängt
Sie haben mir die Pistole auf die Brust gesetzt.

Gambe in spalle e via!
Beine auf die Schultern und weg!
Nichts wie weg hier!

Ma chi ti ha conciato così?
Wer hat dich denn so zugerichtet?

Verarschen, Betrügen

L'ho colto in fallo. / L'ho colto colle mani in pasta. / in flagrante.
ich habe ihn beim Sündigen / mit den Händen im Teig erwischt
Ich habe ihn in flagranti erwischt.

Occhio non vede, cuore non duole.
Auge sieht nicht, Herz tut nicht weh
Was ich nicht weiß, macht mich nicht heiß.

Ne inventa di tutti i colori per fregarli.
er / sie erfindet in allen Farben etwas110
, um sie zu betrügen
Er / sie denkt sich alles mögliche aus, um sie zu bescheißen.

Cane non mangia cane.
Hund frisst nicht Hund
Eine Krähe hackt der anderen kein Auge aus.

Randnotiz	Italienisch	Deutsch
	prendere in giro	auf den Arm nehmen
am Arsch nehmen	**prendere per il culo**	verarschen
	barare	falschspielen
	imbrogliare	betrügen
fremdgehen	**ingannare**	jemanden betrügen
	buggerare	reinlegen, bescheißen
	Ci sei cascato!	Reingefallen!
	fregare	1. bescheißen, 2. klauen
er weiß es lang	**la sa lunga**	er ist mit allen Wassern gewaschen
	sfacciato	unverschämt
	scaltro	gerissen
Drache	**È un drago.**	Er ist ein Fuchs.
	Sta covando qualcosa.	Er / sie brütet etwas aus.
	C'è sotto qualcosa!	Da steckt was dahinter!
	Il conto non torna.	Die Rechnung geht nicht auf.
	Non ci sto!	Da mach' ich nicht mit!
Er / Sie reibt sich die Hände	**Si frega le mani.**	Er / Sie lacht sich ins Fäustchen.
	Se ne lava le mani.	Er wäscht seine Hände in Unschuld.

Keinen Durchblick haben

Randnotiz	Italienisch	Deutsch
	Ciance!	Blödsinn!
Kopfschlag	**un colpo di testa**	eine Kurzschluss-handlung
	sventato	kopflos, unüberlegt
	una panzana	eine Lügengeschichte

È ...	Er ist ...	
... impazzito	... verrückt geworden	
... un tipo balzano	... ein komischer Kauz	
... pieno di fumo	... aufgeblasen	*voll Rauch*
... fuori di testa	... übergeschnappt / ausgeflippt	*aus dem Kopf*
... sbullonato	... bescheuert	*Bolzen entfernt*
... suonato	... behämmert	
... tronato	... total daneben	*durchgedonnert*
... pazzo da legare	... total verrückt	*zum Festbinden*
... sgangherato	... ausgeflippt	*aus den Angeln*
... un fricchettone	... ein Freak	
... uno sputasentenze	... ein Neunmalkluger	*Sprüchespucker*
... testardo come un mulo	... stur wie ein Esel	*Maultier*
... un cacasenno	... ein Klugscheißer	*Verstandscheißer*
... un deficiente / minchione	... ein Blödmann	
... una testa di cavolo	... ein Hohlkopf	*Kohlkopf*
... una testa di gallina	... ein Spatzenhirn	*Hennenkopf*

Ha dato i numeri.
hat die Nummern gegeben
Er/Sie ist total durcheinander.

Gli manca una rotella. /
Non ha tutte le rotelle a posto.
ihm fehlt ein Rädchen /
er hat nicht alle Rädchen in Ordnung
Bei ihm ist eine Schraube locker.

Non fare cavolate! — *Kohlgericht*
Mach keine Dummheiten!

Ma che ti viene in mente?
was kommt dir in den Sinn?
Was fällt dir denn ein?

È una cosa da pazzi!
eine Sache für Verrückte
So was Bescheuertes!

Ti rode il culo?
nagt es dir am Arsch?
Du hast wohl den Arsch offen?

Non far la gatta morta!
mach nicht die tote Katze
Sei keine Schlampe!

Scavati una fossa!
heb dir einen Graben aus
Lass dich begraben!

Come non detto!
wie nicht gesagt
Vergiss es!

Ma datti all'ippica!
steig auf die Reiterei um
Mensch, lass dir dein Lehrgeld zurückzahlen!

Vuol sempre fare di testa sua.
Er will immer seinen Kopf durchsetzen.

ein Adler **Non è proprio un'aquila.**
Er ist nicht gerade der Hellste.

Si dà delle arie. / Spande.
gibt sich Anschein / breitet sich aus
Er / Sie macht sich wichtig.

Non lo afferra. *etwas nicht fassen*
Er schnallt es nicht.

Ma cos'hai combinato?
Was hast du denn jetzt schon wieder angestellt?

Non vede più lontano del suo naso.
Er / Sie sieht nicht über seine / ihre Nasenspitze hinaus.

Chi non ha testa abbia gambe.
wer keinen Kopf hat, soll Beine haben
Was man nicht im Kopf hat, muss man in den Beinen haben.

Non capisco un cavolo / cazzo.
ich verstehe keinen Kohl / Schwanz
Ich versteh nur Bahnhof.

Che sballo!

Durchblicken

	furbastro	Schlaumeier
	sapientone	Besserwisser
	sveglio	clever
	scaltro	gerissen
auch: schwarzfahren	**imbucarsi**	eine Situation zum eigenen Vorteil ausnutzen

Zentrum **Hai fatto centro.**
Du hast ins Schwarze getroffen.

Ho capito l'antifona.
Ich habe den Wink verstanden.

er weiß es lang **La sa lunga.**
Er hat den vollen Durchblick.

L'ha sgamato.
Er hat's geschnallt.

mit dem Kopf am richtigen Platz **È un tipo con la testa a posto.**
Er ist ein vernünftiger Kerl.

schöne Anstrengung (ironisch) **Bello sforzo!**
Tolle Leistung!

Super, spitze, affengeil

Mi piace un sacco / mondo / casino / da morire!
es gefällt mir einen Sack / eine Welt / ein Tollhaus / zum Sterben
Das gefällt mir wahnsinnig gut!

Ha fatto tanto d'occhio!
Der / Die hat vielleicht Augen gemacht!

divertente	lustig, unterhaltsam	
magnifico	großartig	
fantastico	phantastisch	
stupendo	herrlich	
meraviglioso	wunderbar	
incredibile / da non crederci	unglaublich	
esaltante	aufregend	
forte	stark	
pazzesco	irre	
da impazzire	zum Verrücktwerden	
un delirio	Wahnsinn!	
schiacciante	wahnsinnig	
micidiale	geil	*tödlich / schädlich*
bestiale	tierisch	*mörderisch / tierisch*
Che sballo!	rattenscharf	
Ha fatto furore	Er / Sie / Es hat Aufsehen erregt.	*übertrieben*

Che sballo!

Sich ärgern, schlecht drauf sein

Wörtlich	Italienisch	Deutsch
	Sono stufo.	Ich hab's satt.
	Sono giù.	Ich bin down.
	Sono a terra.	Ich bin am Boden zerstört.
Ader	**Non sono in vena.**	Ich bin nicht in Stimmung.
	esasperato	entnervt
	È andato su tutte le furie.	Er ist total ausgerastet.
	Scatta come niente.	Er / Sie geht gleich an die Decke.
isst seine Finger	**Si mangia le dita.**	Er / Sie beißt sich in den Hintern.
isst seine Leber	**Si mangia il fegato.**	Er / Sie ärgert sich schwarz.
	inveire	wettern
	sfogarsi	sich abreagieren
	una sfuriata	ein Wutausbruch
vor lauter Galle platzen	**crepare dalla bile**	vor Wut platzen
Geschäft	**Bell'affare!**	Schöner Mist!
	Un bel casino!	Schönes Chaos!
	Dove diavolo ...?	Wo zum Teufel ...?
hartes Gesicht	**Che faccia tosta!**	So eine Unverschämtheit!

imbestialito / incavolato / arrabbiato nero / incazzato
zum Tier / zum Kohl geworden / schwarz vor Wut / stinksauer

Ha la luna storta. / Ha i coglioni girati.
er hat den Mond schief / die „Eier" gedreht
Er ist schlecht drauf.

Ma chi me lo fa fare?
wer lässt mich das machen?
Wie komme ich dazu?

Che figura ho fatto?
welche Figur hab ich gemacht?
Wie steh ich jetzt da?

M'hai fatto fare una figuraccia.
du hast mich eine schlechte Figur machen lassen
Jetzt steh ich schön blöd da wegen dir.

M'ha fatto il bidone. / Mi ha dato un bidone. *Kanister*
Er hat mich verarscht / beschissen.

Non te la prendere! *nimm's dir nicht*
Mach dir nichts draus!

Non te la prendere troppo a cuore!
Nimm's dir nicht so zu Herzen!

... non troppo sul serio!
... nicht zu ernst!

Kaputt/müde sein

Sono stanco morto.
Ich bin todmüde.

... aufrecht **Non mi reggo più in piedi. / ...dritto.**
Ich kann mich nicht mehr auf den Beinen halten.

Non ho chiuso occhio.
Ich habe kein Auge zugetan.

Non ne posso più.
Ich kann nicht mehr.

Sono sfinito.
Ich bin völlig erschöpft.

in Stücke **Sono a pezzi.**
Ich bin fix und fertig.

Ho i nervi a pezzi.
Ich bin mit den Nerven am Ende.

Siebenschläfer **Dorme come un ghiro.**
Er / Sie schläft wie ein Murmeltier.

die Nacht in weiß verbracht **Ho passato la notte in bianco.**
Ich habe eine schlaflose Nacht hinter mir.

hart **Tieni duro!**
Halt durch!

mies, beschissen

Che barba / lagna!	So was Langweiliges!	*Bart / Gejammer*
stucchevole	langweilig, widerlich	
palloso	stinklangweilig, ätzend	
trito e ritrito / fritto e rifritto	abgedroschen, ausgelutscht	*zerkleinert / immer wieder gebraten*
musone	Miesepeter, Griesgram	*Riesenschnauze*
È troppo! / Adesso basta!	Jetzt reicht's!	
Basta così!	Schluss jetzt!	
Ho le palle piene.	Ich hab die Schnauze voll.	*die Eier*
Mi son rotto (le palle).	Ich hab die Schnauze voll.	
Questo è il colmo!	Das ist ja wohl der Gipfel!	
È una vergogna!	Es ist eine Schande!	
disgustoso	widerlich	
Che schifo!	Wie eklig! / Das ist ja widerlich!	
Che sfacciataggine!	Eine Frechheit!	
Che film di merda!	So ein Scheißfilm!	
Una bella fregatura / bidonata!	Schöner Reinfall/ Beschiss!	
topaia	Drecksloch	*Mäusenest*
rintronato	total daneben	*gedonnert / verwirrt*

Meglio perderlo che trovarlo.
besser verlieren als finden
Das kannst du vergessen.

Kraftausdrücke

	Non me ne frega un cazzo!	Das ist mir scheiß-egal!
das kümmert mich nicht einen Schwanz	**Non me ne importa un cazzo!**	Das kümmert mich einen Dreck!
reibe	**Me ne frego / infischio!**	Ich pfeif drauf!
ficke	**Me ne fotto!**	Ich scheiß drauf!
	Sbattitene! / Fregatene!	Scheiß drauf!
Eier	**Che palle!**	So ein Scheiß!

Pech haben

	disgraziato / povero Cristo	armer Teufel
	iettatore	Unglücksbringer
	sfigato	Pechvogel
	Che sfiga!	So ein Pech!
geficktes	**Che iella fottuta!**	Verdammtes Pech!
	Ci siamo!	Da haben wir's!
mache	**Non ce la faccio.**	Ich schaffe es nicht.
	Non me ne va bene una.	Alles läuft schief.
Omlette	**Ha fatto una frittata.**	Er / Sie hat Mist gebaut.
gefickt	**Siamo fottuti.**	Wir sind verloren!
	Non arrenderti!	Gib nicht auf!
nimm's dir nicht	**Non te la prendere!**	Mach dir nichts draus!
	Mi arrangio	Ich komme so zurecht.
	campare	sich durchschlagen
	Me la cavo.	ich schlag mich so durch.
	frignare	heulen, flennen

Devo farlo – per amore o per forza. / nolente volente.
aus Liebe oder mit Gewalt / bereitwillig
Ich muss es wohl oder übel machen. / nolens volens.

Deve ingoiare il rospo.
die Kröte runterschlucken
Er / Sie muss in den sauren Apfel beißen.

Fa buon viso a cattivo gioco.
Er / Sie macht gute Miene zum bösen Spiel.

Piove sul bagnato. *es regnet aufs Nasse*
Ein Unglück kommt selten allein.

Glück haben

In bocca al lupo! *ins Maul des Wolfes*
Hals- und Beinbruch!

In culo alla balena! *In den Arsch des Wals!*
Hals- und Beinbruch!

Speriamo che non caghi! *(als Antwort)* *Hoffen wir, dass er nicht scheißt!*
Hals- und Beinbruch!

Che fortuna!
So ein Glück!

più culo che anima *mehr Arsch als Seele*
mehr Glück als Verstand

Che culo che hai! *Arsch*
Mann, hast du Schwein!

dreizehn machen **fare tredici**
einen Volltreffer landen

Schlag **Hai fatto colpo.**
Du hast Eindruck gemacht.

zufrieden wie Ostern **È contento/-a come una Pasqua.**
Er / Sie freut sich wie ein Schneekönig.

Rauch **È andato tutto in fumo.**
Es hat sich alles in Luft aufgelöst.

aufgepickt **non si è beccato niente.**
Er hat sich nichts eingefangen.

mit Hemd geboren **È nato con la camicia.**
Er ist mit einem Silberlöffel im Mund auf die Welt gekommen.

Quasseln, brabbeln

Me l'ha raccontato per filo e per segno.
mit Faden und Zeichen erzählt
Er / Sie hat es mir haarklein erzählt.

Dillo chiaro e tondo!
klar und rund
Sag es klipp und klar!

Non ha peli sulla lingua.
hat keine Haare auf der Zunge
Er / Sie nimmt kein Blatt vor den Mund.

È un raccontapalle. / È un pallista.
er ist ein Eiererzähler
Er erzählt nur Blödsinn.

ciancione / blaterone	Quasselstrippe	
chiacchierone / cicala	Schwätzer	*Zirpe*
brontolone	alter Brummbär	
boccaccia	Lästermaul	
cianciare / blaterare	quasseln, schwafeln	
spettegolare / ciarlare / inciuciare	tratschen / lästern	
sparlare	über jemanden herziehen	
canzonare / schernire	verspotten	
sfottere	hänseln	
bisbigliare	tuscheln	
borbottare	brummeln, murmeln	
brontolare	murren, maulen	
predicozzo	Standpauke	
fare una strigliata	eine Standpauke halten	*striegeln*
sempre la stessa solfa, / ... solita antifona	das alte Lied, / die alte Leier	*Leier*

© PR-PhotoDesign, Fotolia.com

Handzeichen

Ebenso wichtig wie die entsprechenden Slang-Ausdrücke sind die Gesten. Schließlich ist es ja nicht nur mit Worten möglich, seinen Mitmenschen mitzuteilen, was man von ihnen hält. Hier leisten Handzeichen wertvolle Dienste. Doch nicht immer bedeuten sie in Italien das, was man auf den ersten Blick vielleicht annimmt.

Damit es wegen missverstandener Hand*zeichen* nicht zu Hand*greiflichkeiten* kommt, werden die wichtigsten in Italien verbreiteten **gesti** hier kurz erklärt:

Ma cosa vuoi?
Was willst du?

Che c'è?
Was ist los?

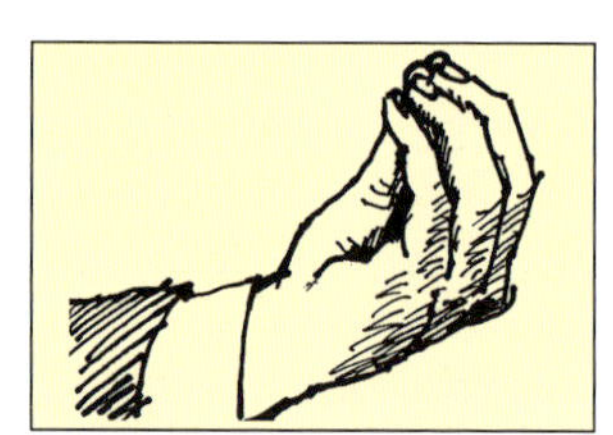

Bis Rom würde man sagen:
Me ne frego.
Ist mir doch egal.

Weiter südlich drückt die Geste Verneinung oder Ablehnung aus.

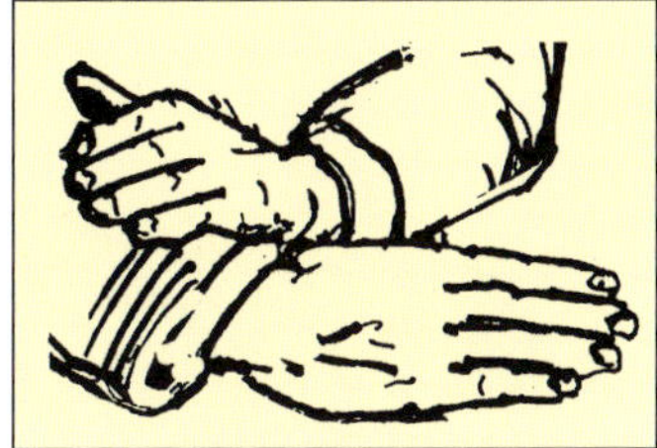

Fila via!
Hau ab!

Diese „Freundlichkeit" dürfte bereits zum allgemeinen Kulturgut geworden sein. Besonders beliebt unter Autofahrern, lockert sie die oftmals unpersönliche Atmosphäre auf den Straßen auf.

Auch den **cornuto,** den Gehörnten, zu erklären, ist wohl überflüssig. Möchte man mal eine italienische Arztpraxis von innen besichtigen, ist dieses Zeichen genau das richtige.

Stai attento!
Pass auf!

Im Sinne von „Überleg, was du tust/sagst!“

In Spanien gibt man seinem Gegenüber damit zu verstehen, dass man ihn für schwul hält, was natürlich nur den Zweck hat, ordentlich zu provozieren.

In Italien dagegen steht das Zeichen für schön oder gut.

Von Rom aus nach Süden bedeutet der Griff ans Ohrläppchen das, was der Spanier durch das Drehen des Fingers auf der Wange ausdrücken will. Wie man sich denken kann, verfehlt diese Geste nicht ihre Wirkung, wenn man gerne „hautnah” mit Italienern in Kontakt treten möchte.

Non capisco un cazzo

Böse Wörter

Bekanntlich sind ja Schimpfwörter des Fremdsprachen-Lerners liebstes Kind. Hier dürfte wohl jeder fündig werden. Dass man die unten aufgelisteten Freundlichkeiten zwar kennen, aber nicht unbedingt selbst anwenden sollte, versteht sich von selbst.

Die Intensität der Ausdrücke geht aus den im Deutschen gewählten Entsprechungen bzw. den wörtlichen Übersetzungen sehr deutlich hervor.

Fluchen

imprecare	fluchen	
imprecazione	Fluch	
scagliare un'imprecazione	einen Fluch ausstoßen	*schleudern*
Accidenti!	Verflixt!	*Unfälle*
Porca miseria!	Verflixt und zugenäht!	
Mannaggia!	Verdammt!	
Mannaggia la Madonna!	Verflucht! Kruzifix!	
💣 **Porco dio! / Porca madonna!**	Verdammte Schweinerei!	

Cazzo – wie kommt das Ding in aller Munde?

Eines der meistverwendeten Wörter des Italienischen ist zweifellos der **cazzo** (Schwanz), und man sollte sich nicht wundern, wenn ihn vom Schuljungen über den Mittvierziger bis hin zur Oma so ziemlich jeder, quer durch alle sozialen Schichten, im Munde führt. Keiner denkt mehr an die eigentliche Bedeutung, wenn er Ausdrücke wie die folgenden verwendet – man / frau sagt halt einfach so:

kann aber auch Überraschung ausdrücken

cazzo!
Verdammt!, Scheiße!

cazzone *Riesenschwanz*
Blödmann, Arschloch

Non fare cazzate!
Mach keinen Blödsinn!

incazzato
wütend

incazzatissimo / incazzato nero
scheißwütend

Non farmi incazzare!
Treib mich nicht zur Weißglut!

Non me ne importa un cazzo!
Das ist mir scheißegal!

Non capisco un cazzo.
Ich verstehe nur Bahnhof.

faccia di cazzo *Schwanzgesicht*
Arschgesicht

testa di cazzo *Schwanzkopf*
Arschloch

Col cazzo che faccio questo!
Einen Teufel werde ich tun!

Col cazzo che te lo dico!
Du glaubst ja wohl selber nicht, dass ich dir das sage!

Non capisco un cazzo

Dove cazzo l'ho messo?
Wo zum Teufel habe ich das nur hingelegt?

Ma che cazzo dici?
Was erzählst du denn da für'n Scheiß?

Che cazzo te ne frega?
Was geht denn das dich an?

das sind nicht deine Schwänze
Non sono cazzi tuoi!
Das geht dich einen Scheiß an!

mach deine eigenen Schwänze
Fatti i cazzi tuoi!
Kümmere dich um deinen eigenen Scheiß!

Levati dal cazzo!
Verpiss dich!

Non rompermi il cazzo!
Du gehst mir auf'n Sack!

Ii sta sul cazzo!
Er geht mir auf den Zeiger!

È un rompicazzo.
Er geht (mir) ganz fürchterlich auf die Eier.

diesen Schwanz gebe ich dir!
'Sto cazzo ti do!
Ich scheiß dir was!

für den Schwanz
per il cazzo
für'n Arsch

Sono cazzi amari / neri.
Das gibt Ärger / Stunk.
saure Schwänze, schwarze Schwänze

Sono scherzi del cazzo.
Sie ist schwanger.
Schwanzscherze

mangiacazzi
mannstoll
schwanzfressend

Si mangia il cazzo.
Er platzt vor Neid.
er isst seinen Schwanz auf

Beschimpfungen, Beleidigungen

Va a farti fottere!
Leck mich am Arsch!
lass dich ficken

Vaffanculo! (= va a fare in culo)
auch: **Va in culo!**
Leck mich!
mach einen Arsch

Mi caghi il cazzo!
Du nervst total!
du kackst mir auf den Schwanz

Ti rode il culo? / Ti gira il culo?
Du hast wohl den Arsch offen!

Schiaffatelo in culo!
Fick dich ins Knie!
wirf's dir in den Arsch

rompipalle / rompiscatole / rompicoglioni
Nervensäge
„Eier"-, Schachtelbrecher

	faccia da culo	Arschgesicht
	stronzo / coglione / fetente	Arschloch, Scheißkerl
Stück Scheiße	**pezzo di merda**	Drecksack
	culone	Fettarsch
	grassone / ciccione	Fettsack
tote Hand	**man morta**	Grapscher, Lüstling
Spanner	**guardone**	alter geiler Bock
Lochfüller	**pugnetta / segaiolo**	Wichser
	bucaiolo	Hurenbock
	schifoso / viscidone	widerlicher Sack
	leccaculo / leccapiedi	Arsch / -Fußlecker
	ruffiano	Speichellecker
	santone / santarellina	falscher Heiliger / Scheinheilige
	beghina	Betschwester, Frömmlerin
	racchione / scorfano	hässlich wie die Nacht
	storpio	Krüppel
	scocciatore	Quälgeist
	broccolo / buono a nulla	Taugenichts
	ficcanaso	Topfgucker
	spaccone / bullo / trombone	Angeber, Großmaul
	venditore di fumo	Schaumschläger, Hochstapler
	cocco di mamma	Muttersöhnchen
	piagnone	Heulsuse
	cacasotto	Hosenscheißer
	pivello	Grünschnabel
	calabrache / fifone	Schlappschwanz, Waschlappen
	fannullone	Faulpelz

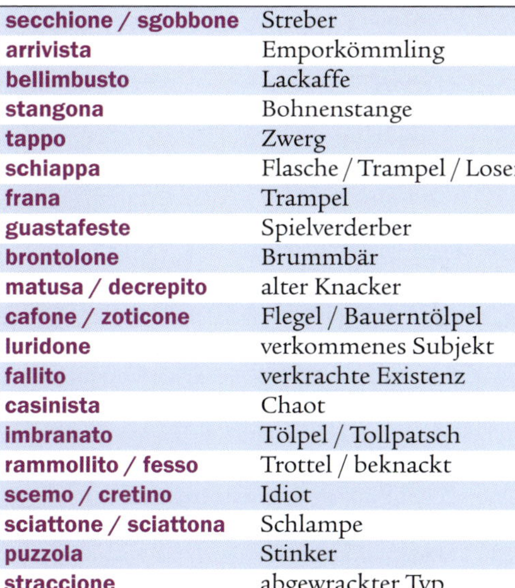

secchione / sgobbone	Streber	
arrivista	Emporkömmling	
bellimbusto	Lackaffe	
stangona	Bohnenstange	*große Latte*
tappo	Zwerg	*Stöpsel*
schiappa	Flasche / Trampel / Loser	
frana	Trampel	*Erdrutsch*
guastafeste	Spielverderber	*Festverderber*
brontolone	Brummbär	
matusa / decrepito	alter Knacker	
cafone / zoticone	Flegel / Bauerntölpel	
luridone	verkommenes Subjekt	
fallito	verkrachte Existenz	
casinista	Chaot	
imbranato	Tölpel / Tollpatsch	
rammollito / fesso	Trottel / beknackt	
scemo / cretino	Idiot	
sciattone / sciattona	Schlampe	
puzzola	Stinker	
straccione	abgewrackter Typ	*Drecklappen*
barbone	Penner	
gentaglia / gentaccia / canaglia	Pack, Gesindel	

Minderheiten, Ausländer

puttana / battona / baldracca	Nutte	
troia / cagna / scrofa / vacca / ciuccia cazzi / battona	Schlampe, schwanzgeiles Luder	*Hündin / Sau Kuh / Schwanzlutscherin*
battere	auf den Strich gehen	*schlagen*
ragazza squillo	Call-Girl	*Klingelmädchen*

	checca	Tunte
Fenchel	**frocio, ricchione, finocchio**	Schwuchtel, Schwuler
	lesbica	Lesbe
	femminista	Feministin
	suffragetta	Emanze
„Polentafresser"	**polentone**	S-Italiener über N-Italiener
„Erdfresser" „Dattelverkäufer" „Afrikaner"	**terrone, tamarro, africano**	N-Italiener über S-Italiener
	crucco / kartoffel	Scheißdeutscher

Ansonsten verwenden Italiener gerne das Wort **porco** (Schwein) in Verbindung mit der Nationalität oder Zugehörigkeit, um irgendwelche Minderheiten zu beleidigen: **porco negro, porco fascista, porco nazista** usw.

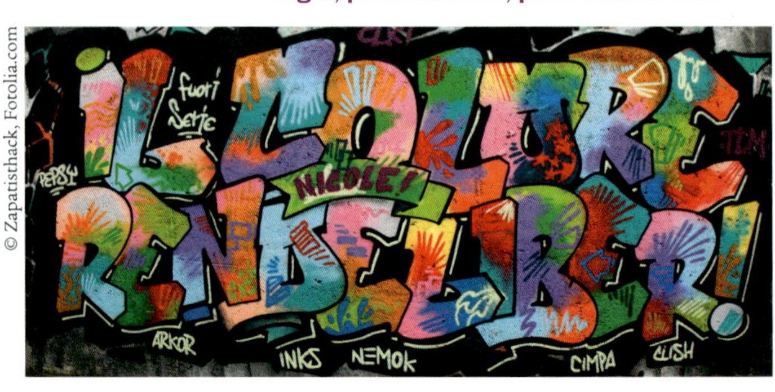

Mi piace da morire

Zwischengeschlechtliches

Ob nun die Liebe des Lebens oder der one-night-stand, irgendwie muss man seine Begeisterung oder Enttäuschung ausdrücken:

Mi piace un sacco / mondo / casino / da morire / un botto.
er / sie gefällt mir einen Sack / eine Welt / ein Tollhaus / zum Sterben / einen Knall.
Er / Sie gefällt mir wahnsinnig gut.

È uno schianto. *Stich*
Er / Sie ist ein Wahnsinnsmann/ eine Wahnsinnsfrau.

È proprio un(a) fuoriclasse. *Sonderklasse*
Er / Sie ist wirklich ein(e) Supertyp / Spitzenfrau.

È una bomba. *eine Bombe*
Er / Sie ist irre.

ben fatto
gut gemacht
gutaussehend

Ci sa fare.
Er / Sie bringt's.

Ci sta.
Er / Sie ist leicht ins Bett zu kriegen.

Mi fa schifo.
Er / Sie ekelt mich an.

Si svacca. / Va in vacca.
er / sie wird zur Kuh
Er / Sie lässt sich gehen.

Mi rompe i coglioni. / Mi sta sul cazzo.
er / siebricht mir die Eier / steht mir auf dem Schwanz
Er / Sie geht mir auf den Sack.

Non lo / la posso vedere / soffrire / sopportare.
sehen / leiden / aushalten
Ich kann ihn / sie nicht ausstehen.

È andato in bianco.
Er / Sie ist abgeblitzt.

Ha / Fa il broncio.
Er / Sie ist eingeschnappt. / Er / Sie zieht einen Flunsch.

Che bidonata!
So ein Reinfall

cornuto
gehörnt

Lo / la pianto.
Ich verlass ihn / sie.

Lo / la scarico.
Ich säg ihn / sie ab.

l'ha mollato / mollata.
Sie hat ihn / er hat sie verlassen.

l'ha piantato.
Sie hat ihn sitzengelassen.

Sie über Ihn

Che figo! / Che figone!
Mann, ist das ein geiler Typ!

auch: **fico**

il principe azzurro
Märchenprinz, Traummann

blauer Prinz

un moscio / un maschi(li)sta / un montone / uno stallone
ein Schlappi / ein Macho / ein Bock / ein Hengst

Ce l'ha grosso. / È un superchiavatore.
Er hat einen großen Schwanz. / Er ist ein Superficker.

È ben dotato / fornito. / È messo bene. / C'ha un uccello asinino.
Er ist gut bestückt. / Er hat einen Schwanz wie ein „Eselsvogel"

Er über Sie

läufig

Ammazza che culo!	Irre, der Arsch!
Bona!	Geil! *(über eine Frau)*
È in calore.	Sie ist geil.
una tettona	eine Frau mit Riesenbusen
una culona	eine Frau mit Riesenhintern
una passerottina	ein Betthäschen

einen schönen Balkon **C'ha un bel balcone!**
Sie hat viel Holz vor der Hütte!

Karosserie **Mamma mia, che carrozzeria!**
Mann, hat die ein Fahrgestell!

wie eine Hexe **È brutta come una befana.**
Sie ist so hässlich wie die Nacht finster.

Verliebte unter sich

Wer vorhat, sich in Italien zu verlieben, sollte wenigstens den folgenden Wortschatz mit auf die Reise nehmen:

Äuglein machen
Knopf annähen

far l'occhiolino	jemandem zuzwinkern
attacare bottone	anquatschen
abbordare	anmachen
abbordaggio	Anmache
corteggiare	den Hof machen
flirtare / amoreggiare	flirten

cuccare	aufreißen	
rimorchiatore	Aufreißer	
tubare	turteln	
baciarsi	sich küssen	
sbaciucchiare / pomiciare	knutschen	
accarezzare	streicheln, liebkosen	
il batticuore	Herzklopfen	
rimorchiare	abschleppen	
una tresca	ein Techtelmechtel	
un amoretto	eine Liebelei	
una relazione	eine Beziehung / Affäre	
una sveltina	ein Quickie	*schnelle Nummer*
innamorato	verliebt	
imbarcato	verknallt	*eingeschifft*
Mi son preso una cotta / sbandata.	Ich habe mich verknallt.	*ich bin ins Kochen / Schleudern geraten*
Sono pazzo di te.	Ich bin verrückt nach dir.	
Brucio dalla voglia.	Ich vergehe vor Verlangen.	
Ti voglio bene.	Ich hab dich lieb.	
T'adoro.	Ich bete dich an.	
Ti amo.	Ich liebe dich.	
Voglio far l'amore con te.	Ich will mit dir schlafen.	
Voglio andare a letto con te.	Ich will mit dir ins Bett.	

tesoro / tesorino / tesoruccio	Schatz
amore / amoruccio	Liebling
cocco / coccolo /	Schmusekater
coccolone	Mammas Liebling

Die mit * gekennzeichneten Ausdrücke sind mehr oder weniger gesellschaftsfähig.

der Penis:

pene*	**membro*** *(Glied)*
cazzo *(Schwanz)*	**lui** *(„er“)*
uccello *(Vogel)*	**pisello** *(Erbse)*
canna *(Rohr)*	**mazza** *(Knüppel)*
arnese *(Werkzeug)*	**stanga** *(Latte)*
pendaglio *(Gehänge)*	**minchia** *(in Süditalien)*
bischero *(in der Toscana)*	**tubo** *(Rohr)*

die Hoden:

testicoli*	**coglioni** *(Eier)*
uova *(Eier)*	**palle** *(Bälle)*

der Po:

sedere*	**didietro*** *(Hintern)*
culo *(Arsch)*	**chiappe** *(Arschbacken)*
bucio	**culetto**

die Scheide:

vagina*	**fica / figa** *(Fotze)*
fessura *(Spalt)*	**tana** *(Höhle)*
pozzo *(Brunnen, Schacht)*	**buco** *(Loch)*
potta	**fregna**
gnocca	

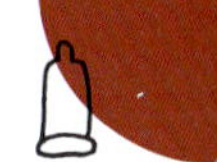

die Brüste:

seni*	**tette** *(Titten)*
zizze	**poppe**
zinne	

Er und Sie über Es

So weit, so gut! Das Vorspiel (**preludio**) wäre also – zumindest verbal – geschafft. Nun kann es zur Sache gehen. Schließlich muss man ja wissen, wie man „es" sagt – und außerdem: **Che male c'è?** Was ist Schlechtes daran?

	arrappare	aufgeilen
	libidine / foia	Geilheit
brünstig	**essere in fregola**	notgeil sein
	focoso / voglioso / arrappato / libidinoso / infoiato / infuocato	geil / scharf
	ingordo	gierig, unersättlich
	Me lo / la son fatto / fatta.	Ich hab ihn / sie umgelegt.
	Mi si rizza / fa duro il cazzo.	Ich krieg 'nen Steifen.
ich hab ihn hart	**Ce l'ho duro.**	Ich hab 'nen Steifen.
er zieht endlos	**Mi tira all'infinito.**	ich hab' einen Dauerständer.
er zieht nicht	**Non mi tira più.**	Er steht mir nicht mehr.

bumsen, vögeln, ficken

Liebe machen	**far l'amore**
ficken	**ficcare**
fegen	**scopare**
	fare una scopata
anschmieren; linken	**fottere**
	fare una fottuta
kopieren	**cupiare**

mietere		*mähen*
chiavare		*nageln*
fare una chiavata		
montare		*besteigen*
cavalcare		*reiten*
fare un giro		*eine Tour machen*

orgasmare	einen Orgasmus haben	
arrivare	kommen	*ankommen*
sborrare	abspritzen	
la sborra / la panna	Sperma, Saft	*Sahne*
succhiatore / bocchinaro, -a / pompinaro	Bläser(in)	
succhiare	blasen	*saugen; lutschen*
fare un bocchino		*Mündchen machen*
fare un pompino		
sbocchinare /spompinare		

... und hier, was sonst noch von Interesse sein könnte:

	Italienisch	Deutsch
	fottere alla pecorina / inculare / a pecora	von hinten nehmen / Arsch ficken
	un'inculata / sculacciare	ein Arschfick / den Arsch versohlen
Anhäufung	**un'ammucchiata**	Gruppensex
	bisex	bisexuell
	omosex	homosexuell
	lesbica	lesbisch
Schauer	**un guardone**	ein Spanner
	un trans	ein Transsexueller
	un sadomaso	ein Sadomasochist

masturbarsi onanieren

Frauen: **farsi un ditalino** *(Fingerchen machen)*

Männer: **farsi / spararsi una sega** *(sich einen absägen)*

farsi una pipa *(an der Pfeife ziehen)*

farsi una pugnetta *(sich eine kleine Schlacht liefern)*

Liebe Leser ...

Für verwertete Ergänzungen und Hinweise zeigt sich der Verlag mit einem Freiexemplar der nächsten Auflage erkenntlich.

Damit „Italienisch Slang" aktuell bleibt und erweitert werden kann, brauche ich die Hilfe der Leser. Täglich entstehen neue Ausdrücke, andere kommen aus der Mode. Wenn Sie also auf Ihren Reisen Wörter und Formulierungen aufschnappen, die hier noch fehlen, dann schicken Sie mir doch diese Funde (möglichst unter Angabe der entsprechenden Region) an die Verlagsadresse. Danke.

Literaturhinweise

Es ist schwer, Hinweise und Tipps zu Literatur über „Italienisch Slang" zu geben, da es zum einen an wirklich empfehlenswerten Büchern mangelt und zum anderen viele der guten Titel italienische Veröffentlichungen sind, die hier wohl nur schwer zu bekommen sind.

Unentbehrlich für jeden, der sich auf irgendeine Weise mit der italienischen Sprache beschäftigt, ist ein gutes Wörterbuch. In Bezug auf Slang kann es hier nur eine einzige Empfehlung geben, nämlich das PONS GLOBALWÖRTERBUCH. Hier bekommt man für etwa 22,-- Euro in zwei Bänden erstaunlich viel Umgangssprache geboten, womit alle anderen Anbieter ihre Seiten anscheinend nicht „beschmutzen" wollen.

Bei den Sprachbüchern seien die von Rowohlt veröffentlichten Werke des Sprachkollektivs SENZAPAROLE genannt, über deren pädagogischen Ansatz man zwar einerseits geteilter Meinung sein kann, die andererseits aber ein „realistisches" Italienisch vermitteln.

Die übrigen in Deutschland angebotenen Titel kranken zumeist entweder an „Altersschwäche" oder an „Authentizitätsmangel", weshalb ich hier keine weiteren Namen aufführen möchte.

Wortregister

© Grischa Georgiew, Fotolia.com

Auf den folgenden Seiten findet sich ein alphabetisch geordnetes Verzeichnis aller Begriffe, die in diesem Buch vorkommen. Hinter jedem Eintrag steht die Seitenzahl, auf der ein Ausdruck mit diesem Wort vorkommt. Kommt es in mehreren Wendungen vor, stehen mehrere Seitenzahlen dahinter.

A

B

C

D

E

F

Q

R

S

Wortregister

Für Ihre Notizen

Für Ihre Notizen

REISETAGEBÜCHER – *Notizen von unterwegs*

Die **Reisetagebücher** haben 133 Seiten zur freien Gestaltung. Es gibt noch eine Packliste, eine Budgetliste und Adress-Seiten zum Ausfüllen. Und natürlich viel Nützliches für unterwegs. Sie sind liebevoll illustriert mit alten Stichen von Tieren, Pflanzen und Fortbewegungsmitteln aus aller Welt oder mit Mustern aus aller Welt. Aufgelockert mit Gedanken und Zitaten zum Thema Reisen.

Sie sind zuverlässige und verschwiegene **Gefährten auf Reisen**. Egal ob Wochenendausflug oder Langzeitreise, ob in den Bergen, am Strand oder in der Stadt. Zwei Journale für Fernweh und Wanderlust, Wichtiges und Unwichtiges, Schönes und Schwieriges ...

160 Seiten | € 12 [D]
ISBN 978-3-8317-3020-9

- Weltkarte
- Kontinente und Zeitzonen
- Immerwährender Kalender
- Reiseverzeichnis
- Sprachhilfe ohne Worte

160 Seiten | € 13,90 [D]
ISBN 978-3-8317-3120-6

Reisen? We know how!

Kauderwelsch Slang & Dialekt – die Sprache des Alltags

Eine kleine Auswahl weiterer Titel dieser Reihe:

- British Slang – das andere Englisch
- Scots – die Sprache der Schotten
- Irish Slang – echt irisches Englisch
- Niederländisch Slang – das andere Niederländisch

Schwedisch Slang – das andere Schwedisch

Marlon Görnert

978-3-8317-6544-7

Dieser Sprachführer bringt die schwedische Umgangssprache für deutsche Leser auf den Punkt und macht einfach nur Spaß. Ein Muss für alle Schweden-Fans!

€ 9,90 [D]

Reisen? We know how!

Der Autor

Michael Blümke: „Sprachen und klassische Musik – seit jeher meine großen Leidenschaften. Glücklicherweise gelang es mir, beide zu meinem Beruf zu machen. Als Dozent, Übersetzer, Lektor, Journalist und Buchautor konnte ich sowohl meiner Liebe zu den Sprachen wie auch der zur klassischen Musik frönen. Seit 1999 bin ich als PR Manager für ein bekanntes Klassiklabel tätig."

Von Michael Blümke sind außerdem im Reise Know-How Verlag erschienen:

Italienisch kulinarisch
Kauderwelsch Band 144
ISBN 978-3-89416-549-9

ReiseWortSchatz Spanisch
ISBN 978-3-89416-598-7